LE
PATRONAGE

INDUSTRIEL

DES

ENFANTS DE L'ÉBÉNISTERIE

SON HISTOIRE, SON BUT, SES MOYENS

PARIS

IMPRIMERIE GAUTHIER-VILLARS

55, QUAI DES GRANDS-AUGUSTINS, 55

1884

PATRONAGE

INDUSTRIEL

DES

ENFANTS DE L'ÉBÉNISTERIE

LE

PATRONAGE

INDUSTRIEL

DES

ENFANTS DE L'ÉBÉNISTERIE

SON HISTOIRE, SON BUT, SES MOYENS

PARIS

IMPRIMERIE GAUTHIER-VILLARS

55, QUAI DES GRANDS-AUGUSTINS, 55.

1884

L E

PATRONAGE

INDUSTRIEL

DES

ENFANTS DE L'ÉBÉNISTERIE

SON HISTOIRE, SON BUT, SES MOYENS

« L'industrie subit encore le contre-coup de la brusque suppression des lois et des coutumes qui régissaient les anciens métiers. Ces lois, jugées incompatibles avec le progrès, protégeaient cependant les industries, dont elles avaient scruté les moindres besoins, La suppression des abus de cette protection avait aussi entraîné celle de ses bienfaits, et les premières expositions industrielles avaient eu pour but de ramener les esprits vers des méthodes plus rationnelles dé production par la comparaison des produits. C'est dans cet ordre d'idées que l'éducation professionnelle s'est présentée comme le seul remède à un état de choses fâcheux ; c'est de cette pensée qu'est né le Patronage industriel des Enfants de l'Ebénisterie. »

Ainsi s'exprimait M. Henri Lemoine dans son allocution aux élèves du concours du Patronage de 1868. Il appartenait, en effet, au fondateur de l'œuvre, de préciser le but de sa création, en indiquant les causes du mal auquel il voulait porter remède.

S'il est une institution antipathique aux ouvriers, c'est assurément celle qui était désignée, sous l'ancien régime, sous le nom de maîtrise ou jurande. Pour beaucoup, ce nom évoque un système d'oppression ayant pour résultat d'étouffer les aspirations individuelles, et, par conséquent, d'arrêter les progrès dans les arts et dans l'industrie. Cependant, si l'on examine d'un peu près et sans parti pris cette institution, qui avait traversé les siècles, on s'aperçoit tout d'abord que l'organisation en groupes de métiers n'a en rien gêné l'essor des idées créatrices; ce dont il est facile de s'assurer en présence des chefs-d'œuvre industriels que nous nous efforçons d'imiter aujourd'hui.

En effet, le premier soin des corporations, en établissant leurs statuts, avait été d'assurer la solidarité entre les gens du même métier pour la défense de leurs intérêts communs. Le régime des corporations avait aussi en vue d'empêcher le développement exagéré des industries, qui, comme nous le voyons de nos jours, augmentent la production bien au delà des besoins de la consommation. Nous n'avons pas ici à examiner la bonté ou les inconvénients de ce système, nous constatons seulement qu'une fois admis, il était naturel qu'une base fût établie pour le recrutement des ouvriers dans chaque profession. Cette base, c'était l'apprentissage, l'apprentissage sérieux du métier entouré de garanties déterminant les droits et les devoirs de chacun.

C'est cette base, c'est ce principe, si négligé aujourd'hui, que le Patronage des Enfants de l'Ebénisterie a eu en vue de rétablir, et le succès qu'il a obtenu prouve bien que sa création répondait à un impérieux besoin.

L'ancienne organisation industrielle faisait de l'apprenti le pupille de sa corporation. Les formes solennelles dont on entourait l'établissement du contrat faisaient comprendre à l'apprenti que son entrée dans le métier lui créait une certaine importance sociale. Le contrat d'apprentissage établi par les soins de la corporation, était ensuite signé chez un notaire en présence de témoins, le plus souvent anciens du métier. L'exécution du contrat était placée sous la surveillance paternelle du

bureau de la corporation, et l'apprenti n'avait pas
à redouter l'abus de l'autorité de son maître ;
celui-ci, de son côté, savait que ses soins ne seraient pas dépensés en pure perte, et il ne craignait
pas les caprices ou les calculs intéressés de parents
pressés de faire rapporter à leurs enfants, sans
souci de leur avenir et de leurs engagements,

Aujourd'hui, les parents placent un peu au hasard
leurs enfants en apprentissage, et sans être suffisamment renseignés sur les conditions du métier.
D'ailleurs, comment le seraient-ils ? Les industriels
eux-mêmes ne les connaissent pas toujours, et
n'ayant aucun lien entre eux, agissent daus le
sens de leurs intérêts divers. L'apprentissage n'a
donc plus qu'un caractère purement privé, dont
les effets dépendent uniquement de la conscience
des parties, et placent l'enfant dans des conditions
d'isolement qui ne peuvent que lui être nuisibles.

Cet état de choses avait depuis longtemps frappé
l'attention des esprits sérieux, et la loi du 22 mars
1841 avait posé quelques principes destinés à y
mettre fin, c'était une loi d'essai, suivant M. de
Gérando. Elle ne s'occupait d'ailleurs que des enfants employés dans les ateliers comptant plus de
vingt ouvriers ; mais des milliers de petits patrons
échappaient à sa surveillance. Aussi, une nouvelle
loi fut-elle proposée et votée. Malheureusement,

ce vote du 21 février 1848 fut complètement submergé par les événements qui suivirent; et, alors que les bases fondamentales des Sociétés étaient chaque matin remises en question, la protection de la jeunesse ouvrière était absolument abandonnée au hasard.

En 1851, le 4 mars, fut promulguée la loi sur les contrats d'apprentissage. Là, les conditions du travail étant mieux définies, la position de l'apprenti était sensiblement améliorée; mais les contrats d'apprentissage n'étant pas obligatoires, l'effet demeurait forcément très restreint, et, bien que les pouvoirs publics, vivement sollicités par les Conseils généraux, fussent toujours à la recherche des moyens de rendre la loi plus efficace et plus générale, la petite industrie en ignorait jusqu'à l'existence. L'exécution en était fort difficile, l'administration elle-même n'ayant pas les éléments nécessaires pour assurer l'autorité de ses décisions. Aussi, en 1864, le Conseil général de la Seine, reconnaissant de plus en plus la nécessité de vérifier l'application de la loi sur le travail des enfants, inscrivait à son budget le traitement d'un inspecteur et celui d'un inspecteur adjoint.

A côté de ces manifestations officielles, l'initiative privée avait créé des Sociétés de bienfaisance pour aider au mouvement en faveur de la jeunesse ouvrière. Le 6 décembre 1866, la Société de protection des Apprentis et des Enfants employés dans les manufactures était fondée, sous la présidence de M. J.-B. Dumas, l'illustre savant, l'une des gloires les plus pures de la France. Elle avait pour secrétaire le regretté Barreswil, inspecteur du travail des enfants pour le département de la Seine, l'un des principaux instigateurs de cette œuvre si utile. Dès son début, la Société de protection, composée de toutes les sommités savantes, industrielles et commerciales, de publicistes et de propriétaires, put faire avancer la question du travail des enfants, en aidant à la formation de Sociétés particulières, dont l'action, concentrée dans une seule profession, avait par cela même plus de force. En effet, la loi ne saurait entrer dans les mille détails particuliers à chaque industrie; elle ne peut poser que des principes; mais l'application devient difficile si l'initiative privée ne vient seconder ses intentions.

C'est sous l'influence de ce double courant que M. H. Lemoine conçut le plan d'une Société de protection pour les enfants employés dans l'industrie de l'Ameublement.

La facilité du travail en chambre entretient dans cette industrie un grand nombre de petits ateliers qui échappent à tout contrôle. Les grandes maisons d'ébénisterie ne faisant, en général, que peu d'apprentis, ceux-ci se trouvent presque tous chez des petits patrons, façonniers pour la plupart, et où, en somme, ils reçoivent une meilleure instruction professionnelle, excepté cependant chez les spécialistes, dont tout l'intérêt consiste à faire rapporter le plus possible par leur apprenti. Les tourneurs sont également disséminés dans beaucoup de petites maisons, où leur travail, pendant la première année, se borne généralement à faire des courses avec des fardeaux souvent bien lourds pour leurs petites épaules. Les sculpteurs emploient beaucoup d'enfants; il y a des maisons où l'on compte douze à quinze apprentis. Cette profession, dans l'esprit des parents, est plus relevée que celle d'ébéniste; on s'y tient mieux, plus proprement, et le salaire y est aussi plus élevé. Mais la grande quantité d'ouvriers sculpteurs est aussi la cause de fréquents chômages, et les quelques habiles qui se trouvent parmi eux barrent la route au plus grand nombre, forcé de se rabattre sur un travail médiocre et tout à fait mercantile.

Dans ces différentes professions, les conditions de l'apprentissage ne peuvent être les mêmes. Ainsi, lorsque trois années suffisent pour faire un tourneur, ordinaire, bien entendu, il en faut quatre ou cinq pour la sculpture. Les ébénistes

et les menuisiers en sièges demandent généralement trois ans. Il va sans dire qu'à l'expiration
de ce temps, l'apprenti ne peut être considéré que
comme un ouvrier fort ordinaire; il lui manque
la pratique de l'atelier. Il se trouve cependant des
patrons qui, peu soucieux du résultat, acceptent
l'engagement de faire un ouvrier dans l'espace de
deux années; d'autres rétribuent l'enfant pendant
toute la durée de l'apprentissage. Cette méthode
est vicieuse, parce que, si l'enfant n'a pas d'aptitudes, l'intérêt du patron étant de ne le payer qu'en
raison du travail produit, il ne sera poussé que
vers une partie du métier, et sortira d'apprentissage capable tout au plus de faire un spécialiste,
c'est-à-dire le pire des ouvriers.

Les différentes conditions du travail étant généralement ignorées des parents, ils ne peuvent s'assurer que leurs enfants suivent bien le chemin de
la perfection dans le métier où ils les ont placés,
le plus souvent au hasard. Disons-le, beaucoup
négligent de se renseigner, et l'apprenti se trouve
pendant trois ou quatre ans à la merci des événements, soumis aux chances du plus ou moins de
capacités ou de conscience du patron, qui ne voit
souvent en lui qu'un auxiliaire chargé de la partie
grossière du métier.

Les industriels sérieux comprennent bien **tous**

les inconvénients d'un pareil système. Tout le monde sent, en effet, que le recrutement imparfait des ouvriers conduit rapidement l'industrie vers la décadence. Aussi M. Lemoine, en prenant en mains les intérêts des pères de famille et des patrons, était-il assuré de l'assentiment de tous les gens de bien. Ayant réuni les sommités de l'Ameublement, il n'eut pas de peine à les convaincre de la nécessité de réformer l'apprentissage en l'établissant sur des bases solides, et surtout en le surveillant avec soin. Un comité, composé de MM. Grohé, Fourdinois père, Godin, Guéret frères, Schmit, Meynard, Hertenstein, etc. , jeta les fondements d'une Société de protection qui prit le titre de : *Patronage des Enfants de l'Ébénisterie*. L'autorisation de se constituer porte la date du 5 avril 1866.

L'article premier des Statuts définissait tout d'abord l'esprit et le but de l'œuvre nouvelle; il est ainsi conçu :

« Le *Patronage des Enfants de l'Ébénisterie* a pour but d'assister, de moraliser et d'instruire les enfants employés comme apprentis dans l'industrie de l'Ameublement en général, et en particulier chez les ébénistes, menuisiers en sièges, facteurs de pianos et de billards, tourneurs et sculpteurs

sur bois, découpeurs, marqueteurs et serruriers
en meubles. »

Les articles suivants déterminent les conditions
de l'assistance annoncée dans l'article premier,
laquelle devait s'exercer sur les apprentis placés
par les soins du Patronage ou inscrits sur ses
contrôles. La Société accordait, dans certains cas,
des secours en nature. Les deux seules conditions
exigées pour participer aux avantages offerts par
le Patronage étaient, pour les apprentis, d'être
âgés de douze ans au moins, et d'avoir fait leur
première communion ou autre initiation reli-
gieuse. Cette dernière prescription indique bien
le caractère largement éclectique du Patronage en
matière de religion. Il ne demande à ses protégés
qu'une simple attestation de croyance, considérée
plutôt comme une garantie morale que comme
une profession de foi.

Bien que les avantages offerts aux apprentis
fissent du Patronage une œuvre particulièrement
utile, il ne s'éloignait guère du programme de
beaucoup de Sociétés de bienfaisance ayant pour
but l'amélioration de l'enfance. L'article 9 vint
lui donner un caractère essentiellement industriel
par l'institution des concours professionnels. Voici
quelles sont les dispositions de cet article, qui

devait avoir une si grande influence sur l'industrie du meuble à Paris :

« ART. 9. — Tous les ans auront lieu des concours professionnels auxquels seront appelés tous les apprentis des professions spécifiées en l'article 1er, ainsi que les ouvriers jusqu'à dix-huit ans.

« Les ouvriers de dix-huit à vingt et un ans sont admis également à concourir, à la condition de verser une somme de douze francs (Cotisation des Sociétaires). A la suite du concours, des récompenses sont accordées : elles consistent en livres, outils et livrets de la Caisse d'épargne.

« L'inscription implique pour le concurrent l'obligation de se conformer au programme détaillé qui lui sera soumis. »

Nous nous arrêterons un instant sur les dispositions de cet article qui introduisit dans l'industrie de l'Ameublement un élément vital de progrès : l'émulation, et rappelle les conditions imposées jadis aux compagnons qui, pour pouvoir exercer leur métier, devaient d'abord justifier de leurs capacités en exécutant le « chef-d'œuvre ».

Nous avons dit que l'absence de contrôle rendait illusoire le contrat ou les conditions de l'apprentissage. En effet, s'il est facile aux parents de s'assurer que l'enfant est bien traité par son patron, s'il ne le brutalise pas, s'il ne l'emploie pas à des courses ou à des travaux étrangers à sa proession, il leur est presque impossible d'apprécier l'instruction professionnelle donnée à l'apprenti ; ils n'ont pas, en effet, les connaissances nécessaires pour juger du degré d'avancement de cette instruction.

Car, sans mettre en doute sa bonne foi et la conscience du patron, il se peut que celui-ci ne sache pas démontrer son métier, et qu'avec les meilleures intentions du monde, il ne puisse faire de son apprenti autre chose qu'un médiocre ouvrier. L'intervention d'hommes compétents était donc indiquée, et le Patronage aurait pu s'assurer des progrès de l'apprenti par des visites dans les ateliers. Mais ces visites, toujours délicates entre confrères, pouvaient être suspectes de partialité ; le Patronage trouva mieux en établissant des concours publics ; il appelait l'attention sur les travaux des apprentis, et par l'émulation qu'excite la lutte, il redonnait à la corporation ce vieux sentiment presque entièrement disparu aujourd'hui : l'esprit de corps !

Voici comment furent organisés ces concours, dont les dispositions sont encore aujourd'hui à peu près les mêmes, après plus de quinze années de pratique, ce qui donne à penser que la véritable formule a été trouvée dès le début.

Les élèves viennent se faire inscrire en déclarant la date et le lieu de leur naissance, un certificat du patron indiquant leur profession et la date d'entrée en apprentissage, enfin un certificat d'études primaires. Notons, en passant, que ces formalités ont souvent servi à affirmer, soit l'état civil de l'apprenti, soit, en l'absence de contrat, la reconnaissance de conventions verbales.

Lorsque les inscriptions sont closes, les élèves, divisés par catégories de métiers, sont subdivisés en années d'apprentissage. Primitivement, ce classement par années s'arrêtait à dix-huit ans, les jeunes gens de dix-huit à vingt et un ans formant une seule catégorie. On a reconnu que ce classement ne répondait pas exactement à la progression présumée du travail. Ainsi, tel enfant, entré à quinze ans et demi seulement en apprentissage, se trouvait, à sa dix-huitième année, forcé de concourir avec des ouvriers de vingt ans, ayant ou pouvant avoir trois ou quatre années d'atelier, indépendamment de leur temps d'apprentissage, tandis que lui n'était encore qu'apprenti. Aujourd'hui, on ne tient plus compte de l'âge, mais des années d'apprentissage; ce système a rétabli l'égalité entre les concurrents.

Pendant ce travail de classement, un programme des travaux a été établi, et chacune des parties est étudiée en raison des diverses catégories d'élèves. Au début du Patronage, les morceaux proposés étaient quelques pièces d'assemblage assez simples ; les résultats obtenus montrèrent combien les principes de la construction étaient négligés dans l'apprentissage. Dès le second concours, on put constater un progrès dans ces éléments du métier ; les bois, mieux apprêtés, étaient aussi mieux assemblés, et ce résultat fut si sensible, que l'idée vint d'utiliser les travaux des élèves en les employant à former un meuble, ou tout au moins une pièce complète. On fit ainsi des cadres de glace, des étagères, des lits, etc. On espérait aussi tirer parti de ces objets en les vendant au profit de l'œuvre ; mais on dut bientôt renoncer à cette combinaison ; voici pourquoi :

Les différentes parties du meuble projeté devaient se composer naturellement des premiers prix de chacune des années et des catégories d'apprentissage. Dans un lit, par exemple, le pied apprêté par l'ébéniste doit ensuite passer au tourneur, puis venir au sculpteur, qui le rend à l'ébéniste. Or, il arrivait que le pied, parfaitement réussi par le tourneur, tombait entre les mains d'un sculpteur malhabile, qui le manquait, de sorte que ce double travail était perdu, et que le premier prix de tournage tombait au rebut. Puis, chacune des parties étant subordonnée à une autre, le concours ne pouvait se faire simultanément. On procéda différemment : chacune des parties devint indépendante et combinée de façon à être traitée séparément. Son emploi facultatif permettait de choisir les meilleures pièces qui devaient entrer dans la composition de l'ensemble. Cette manière de procéder rend assez difficile la composition du programme; mais le résultat obtenu en a prouvé l'excellence. Elle a aussi influé sur le choix du bois à employer pour l'exécution du concours. On a reconnu qu'une notable partie des pièces était perdue ou devenait inutile, et l'on a choisi le bois de hêtre, qui coûte moins cher et se travaille aussi bien que les autres bois employés habituellement dans l'ébénisterie; il donne aussi moins de perte dans le débit. Toutes ces considérations ont bien leur importance, en raison du nombre toujours croissant des concurrents.

Ces préliminaires établis, il reste à fixer les autres conditions du programme. Pour que le concours porte ses fruits, il faut qu'il soit l'expression bien sincère du travail de l'élève; il importe donc beaucoup que celui-ci soit livré à lui-même, et ne puisse recevoir de conseils, c'est-à-dire que le travail doit être fait dans des ateliers étrangers. Pour cela, il est fait appel à toutes les personnes du métier pour en obtenir le nombre de places nécessaires. Telle maison reçoit ainsi jusqu'à trente élèves; d'autres n'ont de place que pour trois ou quatre, mais on n'en met jamais moins de trois ensemble. Ces divers ateliers ne peuvent être libres que le dimanche. Or, le travail demandé représentant de une à six journées, c'est donc un véritable sacrifice que s'imposent les patrons qui veulent bien mettre leurs établis à la disposition des élèves.

Les bois étant débités et le nombre des places étant assuré, on en fait la répartition entre tous les apprentis, qui reçoivent une carte indiquant l'endroit où ils doivent se rendre pour travailler. Sur cette carte, se trouve un numéro d'ordre qu'ils fixent sur leur travail terminé; puis toutes les pièces sont réunies pour être soumises au jury.

Le jury d'examen n'est pas exclusivement composé de membres du Patronage ; on y appelle des patrons et des ouvriers étrangers, n'ayant, par conséquent, aucun intérêt à protéger tel ou tel. Mais, e voulussent-ils, qu'il leur serait impossible de ne pas juger avec impartialité. En effet, les pièces qui leur sont présentées n'ont pas d'autres signes de reconnaissance que le numéro d'ordre de l'élève, et ce numéro lui-même est caché jusqu'après le classement par ordre de mérite. De plus, à chaque catégorie de métier, indépendamment des jurés qui sont au nombre de cinq à onze, sont appelés, comme assistants, un élève de chacune des années d'apprentissage, qui, eux, ne manqueraient pas de signaler les irrégularités, et de se plaindre des injustices.

Nous nous sommes étendu un peu longuement sur ces détails d'exécution, mais nous avons voulu montrer quelle importance le Patronage attache à ces concours. C'est grâce à ces précautions minutieuses qu'ils ont élevé le niveau des connaissances professionnelles ; c'est parce que l'on sait qu'ils ne sont pas une vaine formalité, que les patrons s'efforcent de mettre leurs apprentis en état d'obtenir un rang honorable parmi les lauréats. C'est le côté véritablement nouveau du Patronage; ce sont les concours professionnels qui en font une œuvre sincère d'utilité nationale. Car, ainsi que l'a fait souvent remarquer M. Lemoine, les contrats d'apprentissage, le placement des apprentis, l'assistance qui leur est offerte, en un mot, toute la partie philanthropique du Patronage, tout cela est, en général, encore assez peu compris par les parents qui sont impatients de voir leurs enfants gagner de l'argent, et par les petits industriels toujours disposés à s'affranchir des obligations de la loi. Néanmoins, nous verrons que les résultats obtenus par le Patronage, tout incomplets qu'ils soient, sont bien faits pour l'encourager dans la voie ouverte par son initiative.

Comme on le voit, le système adopté par le Patronage des Enfants de l'Ébénisterie pour l'instruction professionnelle des apprentis diffère totalement des idées généralement exprimées dans les programmes sur le même objet, étudiés soit par l'État, soit par les communes, soit même par des particuliers sous le nom d'écoles professionnelles. Ce système est basé sur l'initiative privée, sur la liberté laissée au patron d'employer la méthode industrielle qui lui convient. Nous verrons par les résultats obtenus comment il a été compris par les intéressés.

Le Patronage, ayant été autorisé à fonctionner le 5 avril 1866, dut songer d'abord à s'assurer des adhérents. Les conditions de la souscription étaient et sont encore des plus modestes, douze francs par an; aussi, les premiers statuts qui avaient été acceptés par trente-six personnes, presque toutes appartenant à l'industrie du meuble, ne tardèrent pas à réunir 86 sociétaires. Dès les premiers mois, le Patronage, voulant donner des preuves de son existence, avait organisé un concours dont le résultat fut mis sous les yeux du public, le 22 décembre 1867, jour de la première distribution des récompenses.

A cette cérémonie, présidée par M. Charles Robert, conseiller d'État et Secrétaire général du Ministère de l'instruction publique, il fut distribué aux Ébénistes 14 prix et 17 encouragements; aux sculpteurs, 4 prix et 4 encouragements; aux tourneurs, 2 prix et 2 encouragements; enfin un prix décerné à un découpeur marqueteur. Comme on avait récompensé tous les concurrents, leur nombre s'était donc élevé à 44.

Le second concours présentait 65 apprentis et jeunes ouvriers. Depuis, le nombre des concurrents, a été successivement :

en 1869.................... 147

Les événements de 1870 ayant empêché le concours de cette année, nous arrivons à 1871 qui réunit.......................... 121 élèves.

en 1872..................... 125
en 1873...... 322
en 1874................. .. 353
en 1875.................... 340
en 1876.................... 279
en 1877. 244
en 1878...... 282

en 1879...... 242

en 1880................... 234

en 1881................... 236

en 1882.................. 259

Ces chiffres indiquent suffisamment comment l'idée et la pratique des concours professionnels ont été accueillies par les ouvriers : nous pouvons affirmer qu'ils ont exercé une grande influence sur l'industrie du meuble. Car il est bon de faire remarquer que les programmes d'exécution des concours ont toujours été de plus en plus difficiles. En 1871, on avait essayé de tirer parti des travaux des élèves; nous avons dit pourquoi l'on dut y renoncer. Cependant il y avait là une idée qui méritait d'être continuée. En 1874, on fit un petit édicule à quatre côtés où se trouvait placé le travail des ébénistes, des tourneurs et des découpeurs. Cet essai très modeste fut repris l'année suivante dans de plus grandes proportions; le travail des sculpteurs y était joint. En 1876, on alla plus loin et l'on aborda un véritable meuble, qui fut encore dépassé par celui du concours de 1877, où les difficultés d'exécution étaient accumulées. Là, on avait trouvé le moyen d'introduire le travail de 42 élèves de toutes les professions, par gradation d'années d'apprentissage. Nous signalons tout particulièrement cette pièce parce qu'elle est la plus haute expression du système employé par le Patronage, ou plutôt de l'absence de système qui permet aux patrons toutes les méthodes, le Patronage se réservant seulement de juger les résultats. Cette élévation successive des concours nous permet aussi de constater le développement de l'instruction professionnelle, dû sans aucun doute à l'École de dessin du Patronage, dont il est temps de parler ici.

Dès 1869, M. Lemoine, tout en constatant les premiers progrès accomplis, demandait que les concours pussent être préparés par l'étude du dessin industriel. Les difficultés d'exécution étaient énormes, bien que tout le monde fût d'accord sur la nécessité d'une école spéciale. Une tentative faite parmi les industriels de l'Ameublement pour réunir les fonds nécessaires avait complètement échoué. Cependant, M. Lemoine n'abandonnait pas cette idée, qu'il reproduisait dans ses allocutions aux distributions des récompenses jusqu'en 1873, où il lui fut enfin permis de la voir se réaliser.

Grâce à ses démarches incessantes, l'administration municipale ayant compris l'importance du Patronage lui accordait, sur la proposition de M. Vautrain, son Président, et conformément aux conclusions du rapport de M. Ch. Loiseau, une subvention annuelle de 3ooo francs, pour l'aider à accomplir sa tâche. C'était beaucoup, et pourtant c'était insuffisant pour réaliser le projet d'une école de dessin ; le chapitre du local, seul, absorbait la somme si généreusement accordée.

M. Lemoine ne se découragea pas. Il y avait, rue Saint-Antoine, dans le passage Saint-Pierre, une ancienne école abandonnée par la ville. M. Vuillet, maire du quatrième arrondissement, autorisa le Patronage, avec l'approbation tacite de l'Administration municipale, à s'y installer. Après quelques travaux d'appropriation, dont le Patronage fit les frais, on put ouvrir, le 20 octobre 1873, une école de dessin appliqué au meuble avec 46 élèves.

Cette création était sans précédents; il y avait tout à faire pour l'établir; les modèles même n'existaient pas, au moins pour l'Ébénisterie. Le dévouement de quelques membres du Patronage pourvut aux premiers besoins, et l'on eut enfin une école véritablement industrielle, où les élèves ébénistes purent copier des modèles pratiques de meubles. Aussi le succès ne se fit pas attendre : le nombre des élèves s'éleva rapidement à plus de cent, et l'on dut, faute de place, faire attendre ceux qui dépassaient ce chiffre.

C'est que, indépendamment de la nouveauté et de l'utilité, il y avait à cette école un attrait tout particulier pour les élèves, c'était la qualité des professeurs, ouvriers eux-mêmes, expliquant leurs leçons dans un langage peu châtié peut-être, mais par cela même plus compréhensible pour des enfants ne se considérant plus comme des écoliers, mais bien comme des ouvriers, presque des hommes. Ce caractère bien tranché permettait aux apprentis de considérer le cours du soir comme une suite de leur enseignement du jour, et c'est une nuance que saisissent parfaitement ces jeunes gens, qu'il ne faut pas trop traiter en enfants.

Le résultat fut donc d'abord d'intéresser les apprentis; plus d'un rapporta dans l'atelier un commencement de connaissances techniques qui devait avoir une grande importance au point de vue de l'éducation professionnelle. On s'en aperçut lorsque, les concours devenant plus sérieux, on dut donner aux apprentis le plan de la partie qu'ils avaient à exécuter. Ces-plans avaient besoin d'explications, que beaucoup de patrons peut-être n'étaient pas en état de donner. Cependant, dès la seconde année de l'école, tous, ou presque tous les élèves, étaient en état de comprendre. Alors on modifia certaines facilités offertes aux concurrents pour pouvoir étudier par avance l'objet de leur concours. Les plans étaient exposés pendant huit jours ; un grand nombre d'apprentis profitaient de cette exposition pour se bien pénétrer de ce qu'ils avaient à faire : quelques-uns venaient avec leurs patrons, qui leur expliquaient toute l'économie du plan. Ceux-là étaient des privilégiés, et ils avaient pour eux bien des chances. Mais il y avait beaucoup de camarades moins heureux, auxquels le patron ne permettait pas de venir perdre une demi-heure pour examiner le programme des concours. Car il y a encore de ces patrons ignorants et défiants qui ne comprennent pas l'utilité de l'instruction théorique de leur métier; pour eux, la routine est tout. Il leur semble, d'ailleurs, que tout ce qui est fait en dehors d'eux, pour l'apprenti, est humiliant pour eux et un empiètement sur leurs droits et leur liberté. Il résultait donc de cette inégalité dans la facilité d'étudier les plans une injustice dont profitaient ceux-là seuls qui avaient de bons patrons. On se borne maintenant à une exposition faite seulement la veille du concours, et il ne paraît pas que cette mesure ait diminué le zèle et l'émulation des concurrents.

Nous avons montré ce que font les concours professionnels pour le maintien des traditions de la bonne fabrication. Il est tout aussi intéressant d'indiquer ce que l'instruction donnée à l'École spéciale du Patronage peut produire dans la partie technique du métier.

A Paris, où les moyens d'instruction sont si largement employés, on peut se demander s'il est bien utile de créer de nouvelles écoles à côté de celles ouvertes déjà à toutes les catégories d'élèves, depuis l'école primaire jusqu'aux cours savants de la Sorbonne et du Conservatoire des Arts et Métiers. Il y aurait peut-être, en effet, imprudence à une modeste Société privée de prétendre établir des cours, soit pour doubler ceux existants, soit pour leur faire concurrence. Mais il y a une petite place à prendre dans ce vaste champ de l'instruction publique, c'est celle de l'éducation professionnelle, non plus celle du travail manuel, comme on paraît vouloir l'essayer dans les écoles, mais celle de la démonstration théorique du métier. Ainsi, nous reconnaissons parfaitement que des cours de grammaire, d'écriture et même de calcul, professés à nos apprentis, seraient une superfétation, puisque ces cours existent ailleurs, et en grand nombre. Il y a plus : aux termes de la loi, nul ne peut entrer en apprentissage s'il ne justifie d'un certificat d'études; nos jeunes gens sont donc présumés avoir reçu l'instruction élémentaire. L'apprentissage leur apprend un métier; mais celui-ci ne se compose pas uniquement du travail des bras; il y a la partie intelligente et raisonnée qui en décuple les forces; c'est ce que veut montrer l'école du Patronage.

Il y a encore beaucoup de parents qui, retirant leurs enfants à douze ans de l'école primaire, à l'âge où leur intelligence s'éveille, alors qu'ils commencent à s'intéresser aux leçons, disent : « A quoi bon tant apprendre ! mon enfant en saura toujours assez pour faire un ouvrier. » Pour beaucoup, nous le savons, la nécessité commande l'entrée prématurée en apprentissage d'enfants qui coûtent cher dans la famille, et que l'on a hâte de voir produire, mais il faut combattre contre le préjugé qui veut que l'instruction est inutile à l'ouvrier, sinon nuisible. De quel intérêt n'est-il pas pour un ébéniste, par exemple, de connaître les bois qu'il emploie, la composition des agents chimiques dont il se sert, l'histoire des transformations successives du mobilier, celle si attrayante des choses industrielles, surtout celle de sa corporation, l'étude de la géographie commerciale pour connaître les besoins des nations et y établir des relations, etc. C'est le programme, non encore rempli, du Patronage, que nous avions présenté en 1874 au comité chargé de son établissement.

Nous croyons utile de reproduire le rapport que nous avions rédigé sur les voies et moyens à employer pour la création d'une école de dessin appliquée au meuble.

Après avoir établi que l'école du Patronage doit avoir un caractère spécial, nous disions :

« Il s'agit en effet, non d'une école artistique où les élèves sont initiés à toutes les finesses de l'art, mais bien d'un enseignement destiné à éclairer ou à établir la théorie professionnelle de l'ébénisterie. De là, la nécessité d'avoir pour professeurs des hommes du métier; le programme d'études que je présente comporte trois sections, qui peuvent être elles-mêmes subdivisées.

« La première section a pour base l'étude des moulures et des profils, si négligée dans la profession. L'étude des moulures est complexe, elle comporte une foule de combinaisons d'angles les plus variées; les différentes coupes qui en résultent, les saillies qu'elles donnent, et par conséquent leur importance sur les dimensions des meubles qu'elles décorent, tout cela offre à l'intelligence de l'élève un vaste sujet d'études intéressantes. Il faut classer les moulures suivant leur emploi, en indiquant leur style et leur construction. Les élèves verront, par exemple, que telle moulure qui doit être appliquée à plat diffère de celle qui encadre une porte, que la moulure d'une corniche ne peut être semblable à celle d'un socle, etc., toutes choses plus nouvelles qu'on ne pense, même pour les gens du métier.

« Dans cette première partie, l'élève s'habitue à manier la règle et le compas, en même temps que ses doigts se plient aux exigences des contours. Cette étude marche de pair avec celle des profils, pieds, colonnes, balustres, en un mot, avec les principaux éléments décoratifs du meuble. L'étude de l'ornement doit être simple, et toujours basée sur la construction ; pour la rendre compréhensible, le modèle sera donné sans ombres ; quelques traits de force seulement pour indiquer le côté de la lumière. Pour l'ébéniste, le dessin c'est le contour ; le sculpteur, lui, a besoin de l'ombre qui lui donne la valeur des plans.

« Dans la seconde partie, l'élève, déjà familiarisé avec les détails, abordera le plan d'ensemble. Pour cela on lui démontrera la construction des meubles ordinaires, usuels, en lui inculquant l'idée des proportions. Ces formules toujours faciles procéderont du simple au composé ; le meuble carré, puis à pans, à coins ronds, à ressauts. Ici, la construction amène à lui parler des matières employées, des bois, suivant les mesures du commerce, leur provenance, la manière de les débiter eu égard à leurs qualités ou à leurs défauts, et subordonnant le modèle à ces conditions essentielles. L'application de l'ornement prendra aussi une plus large place dans cette section, mais toujours d'une manière accessoire, et comme complément seulement.

« Enfin, dans la dernière section, l'élève qui connaît la valeur des matériaux à employer, qui a déjà quelque connaissance des styles, sera initié à l'étude des meubles anciens. Il pourra reconnaître alors la différence des procédés de fabrication motivée par celle des matériaux, et, tous les éléments qu'il aura recueillis, on les lui fera utiliser dans la composition de meubles aussi usuels, aussi pratiques que possible. J'insiste beaucoup sur la nécessité de diriger les travaux des élèves vers le meuble simple, pratique, largement conçu dans des données d'exécution qui en permettent l'usage au plus grand nombre. On n'a que trop la tendance à l'exagération des formes, à la profusion des détails. L'important, c'est que les élèves soient mis en état de donner à ces objets ordinaires des formes agréables et raisonnées. Il faut surtout que l'enseignement soit clair, précis et dégagé de toute prétention savante, son but étant de faire des ouvriers intelligents et non des artistes ; les élèves en doivent retirer ce profit de mieux aimer leur métier en apprenant à le connaître, et ceux qui ont en eux les aptitudes convenables y trouveront certainement les moyens de l'élever au niveau de l'art.

« Maintenant il faudrait pouvoir compléter le travail des professeurs au moyen de conférences courtes, mais claires, sur les différentes parties techniques du métier, les styles, ce qui en constitue les différences, l'histoire de l'ameublement, celle des corporations qui s'y rattachent, etc. Ces conférences pour lesquelles on pourrait faire appel à des personnes étrangères à la profession, auraient lieu une fois par semaine en dehors des jours consacrés aux études ordinaires.

« Telles sont, disions-nous en terminant, les idées que nous voudrions voir mettre en pratique; elles renferment dans leur simplicité tout ce qu'il est essentiel de connaître pour se perfectionner dans l'ébénisterie. Viser plus haut, ce serait entrer dans des considérations étrangères au but de l'École, qui n'a sa raison d'être qu'autant qu'elle conserve son modeste caractère professionnel. »

Ce programme, on le voit, diffère de ceux suivis dans les écoles municipales ou autres. On lui a reproché d'être un peu trop technique, et de négliger, par exemple, la géométrie et l'architecture. L'exposé du programme a répondu à cette critique; néanmoins, cette lacune est aujourd'hui comblée. Nous étions fondé à croire que de jeunes apprentis, sortant pour la plupart de l'école primaire, devaient encore avoir la mémoire remplie des leçons qu'ils venaient de recevoir; dans cette pensée, M. P. Lhoste s'était offert pour faire un cours de perspective, mais il ne tarda pas à voir que les élèves n'avaient aucune notion de la géométrie qu'ils sont censés apprendre à l'école. Son cours ne pouvait donc avoir que peu de résultats. M. Boison, en créant un cours de géométrie, a posé les bases du cours de perspective qui sera repris plus tard avec le succès que mérite l'initiative de ces deux dévoués professeurs.

Cependant, le succès d'une œuvre aussi utile allait être compromis, et tous les efforts accomplis depuis sept ans faillirent être brusquement annihilés.

Une école municipale de filles du quatrième arrondissement se trouvant en réparation, on avait dû chercher un local pour son installation provisoire, et ce fut dans l'école du passage Saint-Pierre qu'on le trouva. Le Patronage dut céder une partie de son emplacement, et pendant dix-huit mois l'école eut deux services, celui du jour pour les filles, celui du soir pour les apprentis. C'était une grande gêne, mais on l'acceptait de part et d'autre, le sachant provisoire.

Les choses en étaient là, lorsque les changements introduits dans le système des écoles primaires forcèrent l'administration municipale à reprendre définitivement possession du local du passage Saint-Pierre, et le Patronage, qui n'avait qu'une autorisation tacite de l'occuper, reçut brusquement l'ordre d'en sortir.

Dans le premier moment, le Conseil, se voyant condamné sans recours ni appel, n'eut qu'une pensée : licencier l'Ecole, et attendre des temps meilleurs. C'était dur, car c'était abandonner une partie à moitié gagnée; heureusement le zèle de deux sociétaires releva bien vite les courages abattus. M. Julien, l'un des professeurs, proposa spontanément de prendre chez lui tout ce qu'il pourrait recevoir d'élèves, ce qui permettrait de ne pas interrompre les cours. Sa proposition n'était pas encore soumise au Conseil, que, de son côté, M. Vieux, membre du conseil d'administration, venait offrir un vaste local, momentanément libre, où l'on pourrait réinstaller les classes en attendant des mesures définitives. L'Ecole était sauvée ! On disposa dans deux grandes salles le matériel du passage Saint-Pierre, et les cours reprirent après quelques jours seulement d'interruption, faubourg Saint-Antoine, 59.

Mais cette situation même faisait sentir la

nécessité de l'Ecole du Patronage; il fallait aviser aux moyens de la reconstituer sur des bases plus solides et assurant l'avenir. Trouver un local était une des principales conditions, mais ce n'était pas la plus importante : le plus difficile était de pouvoir payer un loyer avec les ressources restreintes du Patronage. On s'adressa au Conseil municipal qui répondit, en doublant la subvention accordée au Patronage. Dès lors, on pouvait chercher un domicile sérieux, et l'on eut la main heureuse, car on trouva dans le passage du Chantier, en plein faubourg Saint-Antoine, un vaste local où le Patronage put enfin établir l'installation nécessaire à ses besoins spéciaux d'enseignement. C'est ainsi que les places furent disposées dans la classe du dessin linéaire, de manière à permettre l'exécution des plans de meubles, grandeur nature. 26 planches de $1^m,60$ de longueur sur $0^m,80$ de largeur, posées sur des tréteaux et isolées, sont à la disposition des élèves. Deux tables pouvant contenir dix-huit commençants sont au milieu de la classe. Cette disposition limite un peu le nombre des places, mais elle donne la facilité de dresser en grand des plans pouvant servir.

La salle de l'ornement, celle du modelage, sont largement distribuées et abondamment fournies de modèles. Nous avons dit que, pour la classe de trait, on a dû exécuter des séries de modèles spéciaux ; ceux de l'ornement sont choisis en vue du but pratique qu'on se propose. Les classes ainsi disposées sont éclairées au gaz et reçoivent 125 à 130 élèves. Les cours, qui avaient lieu d'abord les lundi, mercredi et vendredi, ont été augmentés de deux jours pour la géométrie. Toutes les fournitures sont faites par le Patronage, excepté les crayons et les compas. N'oublions pas d'ajouter que l'admission aux cours est entièrement gratuite. Cinq professeurs et un surveillant sont attachés au service de l'Ecole, qui réunit dans son ensemble tous les éléments nécessaires à l'enseignement technique de l'ameublement.

Si l'on a bien voulu accorder un peu d'attention à ce que nous avons expliqué ci-dessus, on reconnaîtra que le Patronage des Enfants de l'Ebénisterie remplit les conditions du programme cherché pour l'établissement des écoles professionnelles, si recommandées aujourd'hui pour le relèvement de l'apprentissage. Son originalité, cependant, c'est qu'il ne fait pas d'apprentis ; c'est, à proprement parler, une école d'émulation, et nous estimons que son organisation est suffisante pour développer l'amour et la connaissance du métier, ces deux conditions essentielles du progrès de l'industrie, et nous croyons, par les résultats obtenus, que l'on peut, sans grands embarras, sans ingérence officielle autre que celles d'allocations budgétaires modestes, assurer le recrutement de notre intéressante armée industrielle, qui n'importe pas moins que l'autre à l'honneur et à l'existence du pays.

Mais pour donner à ces résultats une plus grande impulsion, et surtout plus de durée, il faudrait une bonne loi sur l'apprentissage. Aujourd'hui, avec nos idées de liberté absolue, on paraît réfractaire à toute réglementation de l'industrie. Cependant, ne pourrait-on trouver pour l'industrie l'équivalent du certificat d'études exigé pour entrer dans n'importe quelle carrière ! Pourquoi, puisque la loi de 1874 détermine certaines conditions pour l'enfant placé en apprentissage, pourquoi ne pas y ajouter celle d'un contrat, d'un engagement quelconque assurant au moins la garantie de capacité. Le livret d'apprenti ne pourrait-il recevoir les conditions qui lient les parties ? C'est le seul moyen de rendre à l'apprentissage son prestige et son importance, et l'on verrait moins de ces prétendus ouvriers jetés au hasard, et sans vocation aucune, dans les industries qu'ils encombrent sans utilité.

Dans leur louable désir de répandre les bienfaits de l'instruction, l'Etat, les communes créent partout à grands frais des écoles où l'on augmente sans cesse la somme des études. A toutes les connaissances théoriques, on veut y joindre la connaissance des métiers, avec la gymnastique et les exercices militaires ; on apprend aujourd'hui dans les écoles à manier les outils qui transforment le fer et le bois ; on espère par ce moyen éveiller les aptitudes professionnelles et susciter des vocations. Poursuivant cette idée, on établit des écoles d'apprentissage où les métiers seront démontrés scientifiquement, c'est-à-dire concurremment avec les sciences et les arts dont ils dépendent. Qu'il nous soit permis de dire que, dans cette voie de l'amélioration et du progrès industriel, on fait fausse route.

A part certaines grandes industries où les principes scientifiques sont facilement applicables, il est peu de métiers où les procédés soient déduits mathématiquement, où la théorie puisse être rigoureusement démontrée. Pour l'industrie du bois, par exemple, il est évident que l'élève qui connaîtra la nature des essences, leur lieu de production, leurs qualités et leurs défauts, la manière de les exploiter, il est évident que cet élève comprendra peut-être mieux l'emploi de la matière qu'il est appelé à traiter, mais ces données scientifiques ne sont pas le métier elles appartiennent ;

à la généralité des connaissances utiles, mais elles
ne sont pas indispensables ; elles peuvent d'ailleurs
être inculquées dans les écoles, et sont le corol-
laire obligé du maniement des outils qu'on y
démontre déjà. Muni de cet enseignement élémentaire, l'apprenti comprendra peut-être plus vite
son métier, mais les procédés de fabrication, le
tour de main, ne lui seront véritablement démontrés que dans l'atelier. Ne craint-on pas d'ailleurs,
en chargeant les programmes, de dépasser le but
qu'on se propose, en supposant même qu'on
parvienne à les remplir. Lorsque l'on voit, par
exemple, figurer dans le programme d'une école
d'ameublement l'algèbre, la géométrie, la trigono-
métrie, la mécanique, la physique et la chimie,
lorsque l'on songe que le même élève devra passer
successivement, et quelles que soient ses visées
professionnelles, dans l'atelier d'ébénisterie , de
sculpture et de tournage, qu'il devra suivre en
même temps les cours de dessin et de modelage,
apprendre l'histoire, la géographie, la tenue des
livres et une langue étrangère, on se demande
quand il trouvera le temps d'apprendre la partie
manuelle de son métier, et, en supposant qu'il y
parvienne, il est permis de croire qu'un élève
aussi savant se résoudra difficilement à rester un
ouvrier ébéniste.

L'enseignement théorique trop développé a, en outre, le défaut d'attarder les élèves dans des prescriptions étroites qui ne sont d'aucune valeur dans l'industrie, où les moyens d'exécution les plus rapides sont les plus appréciés. Il est certain que l'on peut obtenir par la géométrie un tracé régulier des différentes courbes d'un pied ou d'une console Louis XV, mais le temps employé à faire ce tracé dépasse de beaucoup celui de l'exécution ; de plus, ce travail régulier, mathématique, n'aura jamais la grâce, la fantaisie d'une pièce exécutée par la main exercée d'un homme de goût. Il serait donc sage de limiter les données scientifiques, là où elles ne sont pas absolument indispensables à l'étude du métier. Les études artistiques, mêmes, ne devraient être établies que dans une certaine mesure.

Peut-être trouvera-t-on que nous sommes par trop modestes, et qu'avec notre système nous arrivons à peine à former des ouvriers médiocres, nous ne le croyons pas, et les travaux de nos concours prouvent bien le contraire. Mais ce à quoi nous tenons surtout, c'est à encourager le travail, à faire des ouvriers capables de rendre des services réels à l'industrie, c'est d'éviter de faire, par une éducation outrée et prétentieuse, ce que l'on a si justement appelé des bacheliers industriels, dont le premier désir, après avoir été destinés à l'atelier, sera d'en sortir.

On a beaucoup parlé d'art industriel, mais n'abuse-t-on pas un peu de ce mot, et comment ne comprend-on pas qu'il ne s'appliquera jamais qu'à une élite. Voyons ce qui se passe aux Expositions, où la plus petite grenouille prétend s'égaler au bœuf majestueux. Elle essaye de s'assimiler ses procédés d'accroissement, et elle en meurt faute d'avoir calculé ses ressources. Non, le *chef-d'œuvre* en toutes choses n'est et ne sera toujours que l'exception. Il ne suffit pas de produire pour entretenir les Musées, il faut que la production se perfectionne et se répande pour la satisfaction de tous. Il est d'ailleurs anormal, alors que la consommation se démocratise, de voir tous les efforts de la production tendre à l'aristocratiser.

En résumé, le Patronage des Enfants de l'Ebénisterie a commencé par ramener l'attention sur l'apprentissage, généralement laissé au hasard. Puis les concours ont relevé aux yeux des ouvriers la valeur de leur profession, en leur montrant l'intérêt qu'elle excite. Sans exagérer son rôle, il a tenu à rester pratique, il ne s'est imposé à personne, et n'a pas prétendu à une direction industrielle quelconque, et, en travaillant avec persévérance à relever le niveau des connaissances techniques, il croit avoir rendu quelque service à l'industrie et au pays, soutenu en cela par les plus sérieuses sympathies qui ne lui ont jamais fait défaut, et qui lui ont rendu facile l'accomplissement de sa tâche.

J. FRESSON.

Imprimerie Gauthier-Villars, quai des Augustins, 55.

Le siège de la Société est chez M. H. LEMOINE,
Président-Fondateur, rue des Tournelles, 17.
L'École du Patronage est située rue du Faubourg-
Saint-Antoine, 66, (passage du Chantier, 3).

—

La Société place gratuitement et surveille les
apprentis de l'ameublement. Les parents qui
veulent mettre leurs enfants dans cette industrie,
et les patrons qui désirent prendre des apprentis
peuvent s'adresser au Secrétaire.

ARTICLE 3 DES STATUTS

Pour faire partie de la Société, il suffit d'être
présenté par un membre et de verser une cotisation
annuelle de douze francs. Plusieurs ouvriers repré-
sentés par l'un deux, peuvent se réunir pour une
cotisation unique.

Les Sociétaires qui versent en souscrivant une
somme unique de deux cent cinquante francs, et
ceux qui, pendant cinq ans, versent une somme
annuelle de soixante francs, reçoivent le titre de
membres à vie.

Les Sociétaires qui versent en souscrivant une
somme unique de mille francs, et ceux qui, pendant cinq ans, versent une somme annuelle de
deux cent cinquante francs, prennent le titre de
membres perpétuels.

—

Pour tous les renseignements, s'adresser au
secrétaire, M. J. Fresson, rue des Tournelles, 17.

www.ingramcontent.com/pod-product-compliance
Ingram Content Group UK Ltd.
Pitfield, Milton Keynes, MK11 3LW, UK
UKHW022215070726
13613UKWH00004B/1682